Identifica la forma

Las formas en el arte

Rebecca Rissman

Heinemann Library
Chicago, Illinois

Customer Service: 888-454-2279
Visit our website at www.heinemannraintree.com

Designed by Joanna Hinton-Malivoire
Photo research by Tracy Cummins and Heather Mauldin
Colour Reproduction by Dot Gradtions Ltd, UK
Translation into Spanish by DoubleO Publishing Services
Printed and bound by South China Printing Company Ltd

13 12 11 10 09
10 9 8 7 6 5 4 3 2 1

ISBN-13: 978-1-4329-3621-1 (hc)
ISBN-13: 978-1-4329-3627-3 (pb)

Library of Congress Cataloging-in-Publication Data

Rissman, Rebecca.
  [Shapes in art. Spanish]
  Las formas en el arte / Rebecca Rissman.
     p. cm. -- (Identifica la forma)
  Includes index.
  ISBN 978-1-4329-3621-1 (hardcover) -- ISBN 978-1-4329-3627-3 (pbk.)
  1. Shapes--Juvenile literature. 2. Art--Juvenile literature. I. Title.
  QA445.5.R5718 2009
  516'.15--dc22
                        2009011035

Acknowledgments
The author and publishers are grateful to the following for permission to reproduce copyright material: ©Alamy pp. **4** (Freefall Images), **15** (1), **16** (1), **23b** (1); ©Bettina Strenske pp. **17**, **18**; ©Heinemann Raintree p. **21** (David Rigg); ©Jupiter p. **6** (Robert Harding Images/Jane Sweeney); ©Jupiter Images pp. **11** (Corbis), **12** (Corbis); ©Shutterstock pp. **9** (Michael Rubin), **10** (Michael Rubin), **13** (Zeber), **14** (Zeber), **19** (Franck Boston), **20** (Franck Boston); ©The Bridgeman Art Library International pp. **7** (The Trustees of the Goodwood Collection), **8** (The Trustees of the Goodwood Collection), **23a** (The Trustees of the Goodwood Collection).

Cover photograph of Factories, 1926 (oil on card) reproduced with permission of ©The Bridgeman Art Library International/ Seiwert, Franz W. (1894-1933)/Hamburger Kunsthalle, Hamburg, Germany. Back cover photograph of diamond pattern cloth reproduced with permission of ©Jupiter Images/Corbis.

Every effort has been made to contact copyright holders of any material reproduced in this book. Any omissions will be rectified in subsequent printings if notice is given to the publisher.

Contenido

Las formas

Las formas están en todas partes.

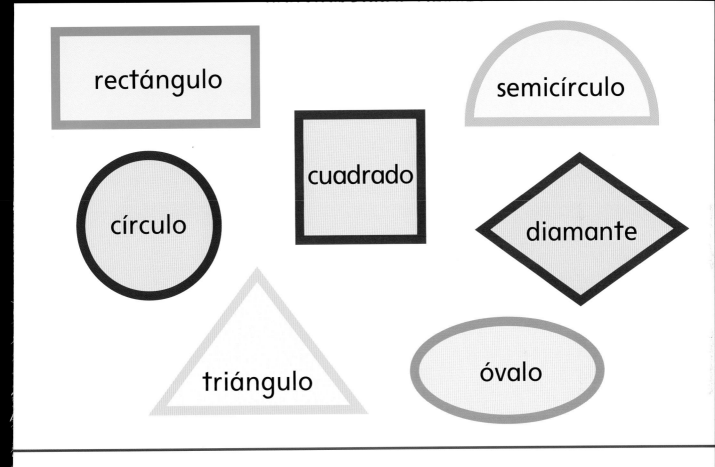

Cada forma tiene un nombre.

Las formas en el arte

Hay muchas formas en el arte.

¿Qué forma tiene este marco?

Este marco es un óvalo.

¿Qué forma tiene la cereza
en esta escultura?

La cereza en esta escultura es un círculo.

¿Qué formas contiene esta tela?

Esta tela contiene diamantes.

¿Qué forma tiene esta ventana?

Esta ventana es un semicírculo.

¿Qué forma contiene esta escultura?

Esta escultura contiene un rectángulo.

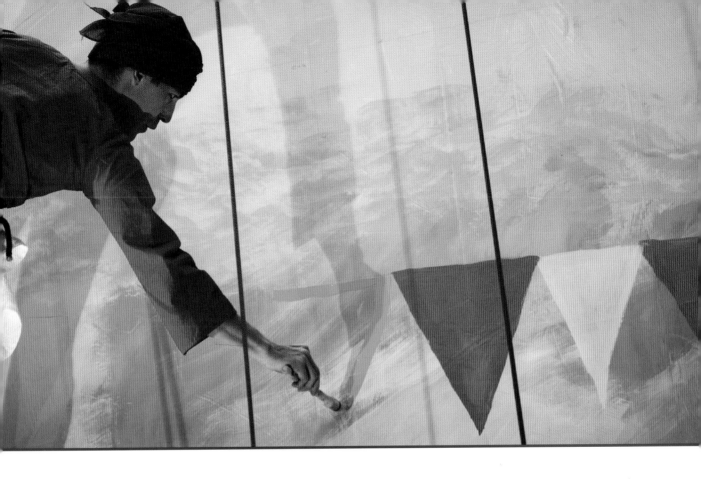

¿Qué forma pinta este hombre?

Este hombre pinta triángulos.

¿Qué formas contiene esta escultura?

Esta escultura contiene cuadrados.

Hay muchas formas en el arte.

¿Qué formas ves tú?

Nombrar las formas

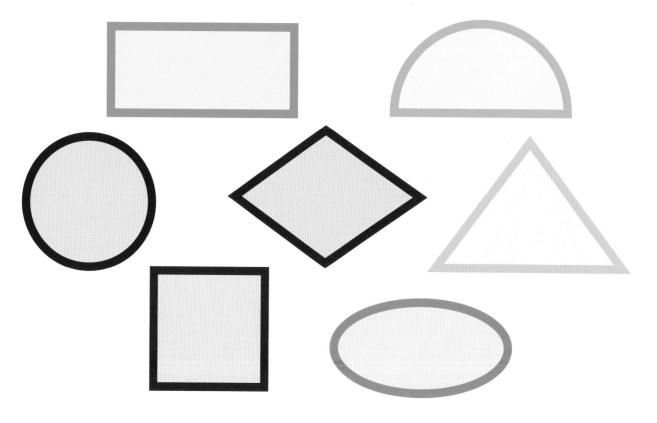

¿Te acuerdas de los nombres
de estas formas?

Glosario ilustrado

marco pedazo de madera o metal que rodea una ilustración o fotografía

escultura modelo que talla o crea un artista de un material como piedra, madera o arcilla

Índice

Nota a padres y maestros

Antes de leer

Escriba una lista de descripciones geométricas en el pizarrón (por ejemplo, líneas rectas, tres esquinas, curvado, cuatro lados). Entregue a cada niño una forma grande recortada de cartón. Pida a cada niño que escriba descripciones de su forma en el cartón.

Después de leer

• Hacer un personaje a partir de una forma: Recorten diferentes formas de cartón coloreado. Enseñe a los estudiantes cómo hacer un personaje de varias formas. Enseñe cómo usar un círculo para la cabeza, un cuadrado para el cuerpo, dos rectángulos grandes para los pantalones, rectángulos más pequeños para los brazos y las piernas, y cuadrados pequeños para los pies. Pida a los niños que se pongan creativos y usen tantas formas como les surjan.

• Búsqueda de formas: Lleve a los niños en una búsqueda por los alrededores de la escuela o por el salón de clases. Entregue a cada niño una forma recortada y pídale que encuentre una forma idéntica. Hagan una lista de todas las formas que encuentren.